RÉPUBLIQUE DÉMOCRATIQUE,
UNE ET INDIVISIBLE,

LA VICTOIRE

PAR NOTRE DROIT

Après communication faite le 7 courant au Gouvernement
de la Défense nationale

PARIS

EN VENTE CHEZ STRAUSS

7, RUE DU CROISSANT, 7

1870

A M. JULES FAVRE

Mon sillon creusé dans les annales de ma région agricole, m'autorise. , je crois, à mettre sous votre protection, la vérité de mes déductions politiques.

Elles sont le corollaire de l'opinion républicaine dont vous avez accepté la représentation des principes à nos assises électorales dernières, en opposition aux principes de nos adversaires, MM. Granier de Cassagnac, et Lacave Laplagne, fils du ministre des finances de Louis-Philippe.

Daignez agréer, Monsieur, l'hommage de mes sentiments les plus respectueux.

H. BACON.

11 Novembre.

RÉPUBLIQUE DÉMOCRATIQUE

UNE ET INDIVISIBLE

LA VICTOIRE

PAR NOTRE DROIT

En analysant le droit des faits acquis par le déplacement de l'ordre politique et social qu'opéra la révolution de nos pères, et divisant une juste part d'existence à chacune des institutions gouvernementales qui se sont succédé depuis Louis XVI jusqu'à nous, ces quatre-vingts années passées de cette nouvelle époque nous donnent, en moyenne, chaque dix ans, un renversement de gouvernement.

Il est juste de sortir de cette rotation révolutionnaire, périodique, dont les effets nous sont si désastreux, et de nous fixer sur une base politique et sociale dont rien ne puisse ébranler la solidité.

Pour ce motif, après nos revers de Sedan, nous nous sommes rejetés vers la République, et nous l'avons acclamée de tous nos cœurs, comme notre ancre de salut.

Aujourd'hui l'acclamation de votre République de Paris ne vous dégage pas encore de vos liens avec le gouvernement dont le chef est devenu le captif de Guillaume de Prusse, et au premier jour qu'il va falloir signer la paix, vos embarras peuvent devenir énormes et dangereux, peut-être, pour l'établissement des nouvelles institutions que nous voulons et que nous désirons de tous nos vœux.

En ce moment, le soin de notre reconstitution politique et sociale devrait, à mon avis, marcher de pair avec celui de notre énergique défense.

Pensons-y sérieusement, et résumons-nous.

Si votre République doit être la représentation de cette vérité apparaissant avec cette indépendance complète de toute autorité, telle que la veut et doit l'avoir un peuple libre, appliquons-lui la formule de Bacon, dont l'Angleterre a gardé 'homme après avoir rejeté son infâme dépouille.

Depuis trois siècles ce grand réformateur, flétri par Jacques Ier, son roi, descend de monde en monde, passant toujours par la même formule autoritaire de l'impression du mouvement, du *juste* à *l'injuste*, de *l'injuste* au *juste*; roulant ainsi sans cesse, du *juste* à *l'injuste*, et de *l'injuste* au *juste,* pour arriver par un grand *juste* à un aussi grand *injuste* où il se trouve aujourd'hui par l'autorité de Napoléon III, auquel, d'accord en cela avec la France entière, Paris avait confié l'exercice de ses droits en se courbant sous le despotisme de sa volonté absolue.

C'est ainsi que ce César paraissait vouloir s'éclairer et se diriger suivant la volonté de son peuple libre et juste, en lui imposant sa formule autoritaire de plébiscite : *oui* et *non*.

*
* *

Natif de Gimont, département du Gers, dans mes foyers, en ce moment, on mange de beaux bœufs, de gros dindons, de jolies cocottes grasses.

Ici, par la destinée de mon nom, je mange du cheval et des cocottes, point.

Tout le gras est parti.

Ils vont le manger là-bas par la volonté de leur juste *oui;* et pour peu que ça continue comme ça va depuis son siége, Paris mangera de vilains chiens, quelques bons chats, des rats hideux, et cela, par la volonté de son juste *non*.

*
* *

Aujourd'hui, si la République est ou plutôt doit être le gouvernement acclamé par les vœux de tous les Français, Paris demeure et doit demeurer la capitale de la France.

En ce moment Paris devant obéir et obéissant, par une exception provisoire, à un gouvernement de la défense nationale qu'il a nommé lui-même, la France doit obéir, et obéit, *je crois*, à ce gouvernement de la défense nationale.

Cette situation ainsi posée et acceptée : Paris étant la capitale de la nation française, et se gouvernant par une autorité transitoire de son choix, si la partie de la nation de laquelle il est matériellement séparé, le laisse isolé en ne venant pas, ou en ne pouvant pas venir à son aide par ses armes dans sa lutte héroïque contre ses envahisseurs, et par ses votes pour constituer un gouvernement politique, Paris demeure et doit demeurer seul maître de ses destinées, et par ce fait il a le droit d'instituer légalement le gouvernement de son choix ; voilà la vérité.

Cette vérité ne peut être édictée et reconnue humainement vraie et humainement juste que par l'application de la formule de Bacon, telle qu'elle apparaît avec toute la quintescence du droit dans son *Exemplum tractatûs de justiciâ universali sive de fontibus juris*. (Aphor. 73.)

Ça presse; hâtons-nous !

Nous combattons un ennemi dont les instincts grossiers et les appétits insatiables n'ont eu de trêve, en aucun temps, devant les sentiments d'humanité et de raison.

Assez de ces généreux efforts de notre digne et vaillant gouvernement de la défense nationale.

Que l'académicien de Napoléon III parle aujourd'hui à l'Allemagne et à l'Europe entière par la voix de Bacon, le grand chancelier d'Angleterre, et M. de Bismark, le grand chancelier de Prusse, l'écoutera.

Sans cela, courage! courage! et encore courage!!!

Après?

Quelle tristesse!

Tenez, disons-le, c'est vrai :

Quel est l'historien du plus grand monde passé et présent qui ait peint et puisse dépeindre encore une agriculture aussi belle, aussi puissante et aussi réellement réalisée que la nôtre?

*
* *

Le gouvernement que Paris doit décréter aujourd'hui, nous fixe tous, sans secousse, et avec toutes les garanties le plus humainement justes de tous les droits acquis jusqu'ici par chacun de nous, y compris, au premier chef, les droits de notre foi religieuse et ceux de chacune de nos croyances.

Cette vérité de Bacon, dont l'application trouve aujourd'hui, en France et à Paris surtout, la raison juste d'être proclamée par votre voix de peuple le plus grand de la terre, voix sortie de la plus infiniment profonde matière, cette vérité vous élève tous, hommes et croyances, à la hauteur d'où Josué envisageait le monde, car nous retournons à lui en passant par Colomb et Galilée ; et la raison qui parle enfin en homme, nous dit : Restez-là, chacun à sa place, sous cette lumière qui nous éclaire tous, en en recevant chacun notre part la plus juste.

*
* *

Vous aurez alors un mode de gouverner qui vous mettra à l'abri de ces révolutions périodiquement infaillibles, depuis l'extinction du juste droit de gouverner de nos rois.

*
* *

Nos lois se feront sans trouble ni réaction.

Elles ne seront que le résultat vrai de nos besoins.

*
* *

Possesseurs de tous les droits qui font un peuple fort et sage, vous n'aurez plus à vous en dessaisir.

Votre magistrature, l'expression directe de votre volonté, sera grande par son savoir acquis, et supérieurement juste par son indépendance.

Notre territoire sera désormais inviolable.

Chacun aura son chassepot pour garder son foyer, comme en Prusse.

Cet impôt du sang si déchirant pour nos cœurs de père, entrave du travail, vile servitude des rois, n'aura plus sa raison d'être ;

L'Eglise, dégagée de ses liens avec l'État, sera le triomphe de la raison et de sa gloire ;

Ses prêtres, nos concitoyens, nos frères, seront l'exemple de nos vertus et la consolation de bien de nos maux par leur enseignement de la morale pratique ;

La richesse de la France sera d'une grandeur incomparable.

Dégagée de ses plus fortes charges, dans peu de temps toutes ses dettes s'éteignent.

*
* *

Paris peut dans six jours réglementer ainsi légalement sa République.

Isolé du reste de la France, c'est son droit, c'est son devoir de nommer dans son sein une Assemblée constituante pour décréter son existence politique autant dans l'intérêt des garanties de sa tranquillité future, que pour la force morale de sa défense.

A la nouvelle de sa juste et sage constitution

toute la France se lèvera pour venir à son secours.

Ainsi, tous concitoyens, libres penseurs et croyants, l'armé au bras, appuyée de notre héroïque courage, nous nous précipiterons sur ce cruel ennemi qui, avant de nous repousser, y réfléchira à deux fois.

Les nations qui nous regardent impassiblement aujourd'hui, verront en nous un principe équitable de liberté, égalité, fraternité que, pour sauvegarder leurs destinées futures, elles ne aisseront pas attaquer sans mot dire.

Si nous sommes vaincus, alors, nous mourrons tous sous les cendres de notre cité, la superbe, hier encore joyeuse hospitalière de tout l'univers, et nous nous y ensevelirons avec nos droits les plus sacrés de vivre.

Lutèce ainsi demeurera le merveilleux Paris

de son époque, et la postérité un jour dira ce qu'il advient des victoires acquises, contre la civilisation, par la force brutale.

H. BACON,

Agriculteur.

P. S. A cette heure dernière, circule la rumeur de l'élection d'une Assemblée constituante, dans le but d'établir un gouvernement régulier.

D'après certaines opinions, cette assemblée devait se réunir en dehors de Paris.

Malgré la quasi-impossibilité de cette mesure, l'idée seule de son adoption, serait une imprudence politique des plus grandes.

Paris ne doit pas perdre de vue, un seul instant, que c'est à lui qu'appartient l'honneur d'avoir cimenté la chute de l'empire en acclamant le premier cette République.

Nous l'acceptons tous, avec la joie la plus grande.

Seulement nous lui demandons, avant tout, quelle est sa République ?

Est-ce la vraie, la seule possible, la seule inébranlable?

Celle dont la représentation exécutive doit-être une

autorité automatique, isolée de tous les pouvoirs de la nation, pouvoirs que nous voulons concentrer dans chacun de nos foyers?

Dans ce cas, qu'il le dise, et demain toutes les forces de la France sont à lui.

Lyon, Marseille, Bordeaux, Toulouse, toutes nos grandes villes enfin demandent qu'il s'explique.

Qu'il laisse de côté, pour un moment, sa grande question prussienne. Il a le temps de réfléchir et de décréter à son aise.

Il a encore de quoi manger.

Tant que le général Trochu aura les clefs de ses portes, M. de Bismark et tous les siens attendront.

Pas de faux-fuyant, pas de tangente.

Que cette révolution de 1870, soit bien notre dernière.

Sinon, les *oui* et *non* recommenceront.

Et alors, qui vivra verra.

Dans cinquante ans l'Europe sera républicaine ou cosaque, a dit Napoléon le Grand, à Sainte-Hélène.

H. B.

Paris, imp. Paul Dupont, rue J-J. Rousseau, 41 (Hôtel des Fermes) (4240).

www.ingramcontent.com/pod-product-compliance
Lightning Source LLC
Chambersburg PA
CBHW051248070726
47594CB00013B/3970